Crème brûlée oder Crema catalana?

Beides, unbedingt und immer wieder! Wir können nicht genug kriegen von diesen cremigen Desserts mit der herrlichen Caramelkruste.

Wir haben die beiden Klassiker in vielen Variationen verkostet. Alle haben uns begeistert, aber nur die allerbesten 30 haben es in dieses Buch geschafft: Kreationen mit Früchten, mit Vanille, mit einem Hauch Exotik und, oh ja, die mit dunkler Schokolade – hitverdächtig!

Das coole an diesen Desserts: Sie lassen sich prima vorbereiten. Das Abflämmen des Zuckers erfolgt kurz vor dem Servieren, gern mit etwas Show-Effekt vor Ihren Gästen – etwas Zuckerzauber eben. Süsse Grüsse

Ihr Betty Bossi Team

Spielen Sie mit Formen

Für unsere Rezepte eignen sich
ofenfeste Förmchen von ca. 2 dl Inhalt.
Wir empfehlen weite Förmchen,
weil dann die leckere Caramelkruste
grösser wird.

Ursina,
Rezeptredaktorin

Inhalt

Crema catalana

wird in der Pfanne gekocht, in die Förmchen
gefüllt, ausgekühlt, danach lässt man
sie zugedeckt im Kühlschrank fest werden.
Der Klassiker wird mit Milch zubereitet
und mit Zimt oder Orangenschale aromatisiert.

Crème brûlée

wird in den Förmchen ~ mit oder ohne Wasserbad –
im Ofen gegart. Wir haben dies für Sie getestet:
ohne Wasserbad immer bei 120 Grad, im Wasserbad bei 160 Grad garen. Der Klassiker wird im
Wasserbad gegart, mit Rahm zubereitet und mit
Vanille aromatisiert.

Garen im Wasserbad

Legen Sie ein gefaltetes Küchentuch oder Haushaltpapier in ein tiefes Backblech, und stellen Sie die Förmchen darauf, so rutschen diese nicht umher.

Förmchen zudecken

Bedecken Sie die Förmchen mit Alufolie – oder ökologischer mit Untertellern –, damit sich keine unerwünschte Haut bildet.

Wasser einfüllen

Füllen Sie so viel siedendes Wasser ins Blech, bis die Förmchen zur Hälfte im Wasser stehen.

Sicherheits-Tipp

Schieben Sie zuerst das Blech mit den Förmchen darauf in den Ofen, giessen Sie erst jetzt das heisse Wasser ins Blech, so müssen Sie das gefüllte Blech nur einmal, nämlich nach dem Garen, transportieren.

Crème brûlée

Mit oder ohne Wasserbad im Ofen
gegart, herrlich cremig in vielen Aromen
und mit feiner Caramelkruste!

Crème brûlée

🕐 **20 Min. + 30 Min. garen + 6 Std. kühl stellen**   ✕ **glutenfrei**

Für 4 ofenfeste Förmchen von je ca. 2 dl

4 dl **1**	**Vollrahm** **Vanillestängel**	Ofen auf 160 Grad vorheizen. Rahm in eine Pfanne giessen, Vanillestängel längs aufschneiden, Samen auskratzen, beides beigeben, aufkochen. Pfanne von der Platte nehmen, ca. 10 Min. zugedeckt ziehen lassen, Vanillestängel entfernen.
4 **3 EL**	**frische Eigelbe** **Zucker**	Eigelbe und Zucker in einer Schüssel mit dem Schwingbesen gut verrühren. Den Vanillerahm darunterrühren, durch ein Sieb in einen Messbecher giessen.
	Wasser, siedend	Förmchen auf Haushaltpapier in ein tiefes Backblech stellen. Creme in die Förmchen giessen, diese einzeln mit Alufolie zudecken. Siedendes Wasser bis auf ½ Höhe der Förmchen ins Blech giessen.
		Garen im Wasserbad: ca. 30 Min. in der Mitte des Ofens. Blech sorgfältig herausnehmen, Folie entfernen, Förmchen ca. 10 Min. im Wasser stehen lassen. Förmchen herausnehmen, auskühlen, Creme zugedeckt im Kühlschrank ca. 6 Std. fest werden lassen.
2 EL	**grobkörniger** **Rohzucker**	Zucker kurz vor dem Servieren gleichmässig auf der Creme verteilen, mit der Flamme des Bunsenbrenners caramelisieren.

Portion (¼): 464 kcal, F 41 g, Kh 18 g, E 5 g

Garen ohne Wasserbad

Förmchen auf ein Backblech stellen, ca. 45 Min. bei 120 Grad in der Mitte des Ofens garen.

Der heiss geliebte Klassiker!

Perfekte Caramelkruste

Die Oberfläche der Creme muss trocken sein.
Verteilen Sie kurz vor dem Servieren grobkörnigen
Rohzucker gleichmässig auf der Creme. Führen
Sie den Bunsenbrenner in kreisförmigen Bewegungen
über den Zucker, so caramelisiert er gleichmässig.

Rezept →

Schnelle Crème brûlée

⊙ **10 Min. + 45 Min. garen + 6 Std. kühl stellen**   ⊠ **glutenfrei**

Für 4 ofenfeste Förmchen von je ca. 2 dl

4 dl Doppelrahm **1 Päckli Vanillezucker** **4 frische Eigelbe** **3 EL Zucker**	Ofen auf 160 Grad vorheizen. Rahm, Vanillezucker, Eigelbe und Zucker in einem Messbecher mit dem Schwingbesen gut verrühren.
Wasser, siedend	Förmchen auf Haushaltpapier in ein tiefes Backblech stellen. Creme in die Förmchen giessen, diese einzeln mit Alufolie zudecken. Siedendes Wasser bis auf ½ Höhe der Förmchen ins Blech giessen.
	Garen im Wasserbad: ca. 45 Min. in der Mitte des Ofens. Blech sorgfältig herausnehmen, Folie entfernen, Förmchen ca. 10 Min. im Wasser stehen lassen. Förmchen heraus- nehmen, auskühlen, Creme zugedeckt im Kühlschrank ca. 6 Std. fest werden lassen.
2 EL grobkörniger **Rohzucker**	Zucker kurz vor dem Servieren gleichmässig auf der Creme verteilen, mit der Flamme des Bunsenbrenners caramelisieren.

Portion (¼): 606 kcal, F 56 g, Kh 20 g, E 5 g

Schokolade-Crème-brûlée

⏱ **15 Min. + 40 Min. garen + 6 Std. kühl stellen**   ⊗ **glutenfrei**

Für 4 ofenfeste Förmchen von je ca. 2 dl

4 dl	**Vollrahm**	Ofen auf 120 Grad vorheizen.
100 g	**Milchschokolade**	Rahm in einer Pfanne aufkochen. Pfanne von der Platte nehmen. Schokolade fein hacken, beigeben, unter Rühren schmelzen.
2	**frische Eier**	Eier und Zucker in einer Schüssel mit dem Schwing-besen gut verrühren. Heissen Schokoladerahm darunter-rühren, in einen Messbecher giessen. Förmchen auf ein Backblech stellen. Creme in die Förmchen giessen, diese einzeln mit Alufolie zudecken.
3 EL	**Zucker**	
		Garen ohne Wasserbad: ca. 40 Min. in der Mitte des Ofens. Blech herausnehmen, Folie entfernen, Förmchen aus-kühlen, Creme zugedeckt im Kühlschrank ca. 6 Std. fest werden lassen.
2 EL	**grobkörniger Rohzucker**	Zucker kurz vor dem Servieren gleichmässig auf der Creme verteilen, mit der Flamme des Bunsenbrenners caramelisieren. Schokoladespäne darüberstreuen.
2 EL	**Schokoladespäne**	

Portion (¼): 587 kcal, F 47 g, Kh 35 g, E 7 g

Spieglein, Spieglein ...

Giessen Sie die flüssige Schokolade auf den
ausgekühlten Flan, bewegen Sie das
Förmchen hin und her, so erhalten Sie einen
gleichmässig glatten Schokoladespiegel.

Rezept →

Dunkler Schoko-Flan mit Schoko-Spiegel

🕐 **15 Min. + 30 Min. garen + 6¼ Std. kühl stellen**   🌾 **glutenfrei**

Für 4 ofenfeste Förmchen von je ca. 2 dl

4 dl	**Vollrahm**	Ofen auf 160 Grad vorheizen.
100 g	**dunkle Schokolade**	Rahm in einer Pfanne aufkochen. Pfanne von der Platte nehmen. Schokolade fein hacken, beigeben, unter Rühren schmelzen.
2	**frische Eier**	Eier und Zucker in einer Schüssel mit dem Schwingbesen
3 EL	**Zucker**	gut verrühren. Heissen Schokoladerahm darunterrühren, in einen Messbecher giessen.
	Wasser, siedend	Förmchen auf ein Haushaltpapier in ein tiefes Backblech stellen. Creme in die Förmchen giessen, diese einzeln mit Alufolie zudecken. Siedendes Wasser bis auf ½ Höhe der Förmchen ins Blech giessen.
		Garen im Wasserbad: ca. 30 Min. in der Mitte des Ofens. Blech sorgfältig herausnehmen, Folie entfernen, Förmchen ca. 10 Min. im Wasser stehen lassen. Förmchen herausnehmen, auskühlen, Creme zugedeckt im Kühlschrank ca. 6 Std. fest werden lassen.
1 Beutel	**dunkle Kuchenglasur** (ca. 125 g)	Kuchenglasur im Wasserbad schmelzen, auf dem Flan verteilen (siehe S. 18), ca. 15 Min. im Kühlschrank fest
1 EL	**Kakaopulver**	werden lassen. Kurz vor dem Servieren mit Kakaopulver bestäuben.

Portion (¼): 743 kcal, F 61 g, Kh 40 g, E 8 g

Deko-Tipp

Bestreuen Sie den Schoko-Spiegel mit essbarem Goldstaub oder essbaren Goldsternen.

Liebling der Redaktion

Holunderblüten-Crème-brûlée

🕐 15 Min. + 45 Min. garen + 6 Std. kühl stellen   ⊗ glutenfrei

Für 4 ofenfeste Förmchen von je ca. 2 dl

4 dl	**Halbrahm**	Ofen auf 160 Grad vorheizen. Rahm in einer Pfanne aufkochen. Pfanne von der Platte nehmen.
4 **3 EL**	**frische Eigelbe** **Holunderblütensirup** (ca. 70 g)	Eigelbe und Sirup in einer Schüssel mit dem Schwingbesen gut verrühren. Heissen Rahm darunterrühren, in einen Messbecher giessen.
	Wasser, siedend	Förmchen auf Haushaltpapier in ein tiefes Backblech stellen. Creme in die Förmchen giessen, diese einzeln mit Alufolie zudecken. Siedendes Wasser bis auf ½ Höhe der Förmchen ins Blech giessen.
		Garen im Wasserbad: ca. 45 Min. in der Mitte des Ofens. Blech sorgfältig herausnehmen, Folie entfernen, Förmchen ca. 10 Min. im Wasser stehen lassen. Förmchen herausnehmen, auskühlen, Creme zugedeckt im Kühlschrank ca. 6 Std. fest werden lassen.
2 EL	**Zucker**	Zucker kurz vor dem Servieren gleichmässig auf der Creme verteilen, mit der Flamme des Bunsenbrenners caramelisieren.

Portion (¼): 429 kcal, F 34 g, Kh 24 g, E 6 g

Garen ohne Wasserbad

Förmchen auf ein Backblech stellen, ca. 45 Min. bei 120 Grad in der Mitte des Ofens garen.

Erdbeer-Rhabarber-Crème-brûlée

⏱ 15 Min. + 40 Min. garen + 6 Std. kühl stellen ⚫ glutenfrei

Für 4 ofenfeste Förmchen von je ca. 2 dl

200 g	**Rhabarber**	Ofen auf 120 Grad vorheizen.
4 EL	**Gelierzucker**	Rhabarber schälen, in feine Scheiben schneiden, in eine
1 EL	**Wasser**	Pfanne geben. Gelierzucker und Wasser beigeben, mischen, aufkochen, unter Rühren bei mittlerer Hitze kochen, bis sich der Zucker aufgelöst hat. Rhabarber in die Förmchen verteilen.
2 dl	**Vollrahm**	Rahm, Crème fraîche und Konfitüre in einer Pfanne
200 g	**Crème fraîche**	verrühren, aufkochen. Pfanne von der Platte nehmen.
3 EL	**Erdbeerkonfitüre**	
2	**frische Eier**	Eier in einem Messbecher mit dem Schwingbesen gut verrühren. Heisse Rahmmasse darunterrühren. Förmchen auf ein Backblech stellen. Die Creme in die Förmchen giessen, diese einzeln mit Alufolie zudecken.
		Garen ohne Wasserbad: ca. 40 Min. in der Mitte des Ofens. Blech herausnehmen, Folie entfernen, Förmchen auskühlen, Creme zugedeckt im Kühlschrank ca. 6 Std. fest werden lassen.
2 EL	**grobkörniger Rohzucker**	Zucker kurz vor dem Servieren gleichmässig auf der Creme verteilen, mit der Flamme des Bunsenbrenners caramelisieren. Erdbeeren in Würfel schneiden, darauf verteilen.
100 g	**Erdbeeren**	sofort servieren.

Portion (¼): 482 kcal, F 38 g, 29 g, E 6 g

Crème brûlée

Les bonbons, c'est bon!

Bonbons (mit Kristallzucker) im Mörser fein zerstossen oder im Cutter fein mahlen, über die Creme streuen, mit der Flamme des Bunsenbrenners caramelisieren.

Rezept →

Himbeer-Crème-brûlée

🕐 **15 Min. + 35 Min. garen + 6 Std. kühl stellen**   🌿 **glutenfrei**

Für 4 ofenfeste Förmchen von je ca. 2 dl

150 g	**Himbeeren**	Ofen auf 160 Grad vorheizen. Himbeeren in die Förmchen verteilen.
2 dl **2 dl**	**Doppelrahm** **Vollrahm**	Doppelrahm und Rahm in einer Pfanne aufkochen. Pfanne von der Platte nehmen.
2 **3 EL**	**frische Eier** **Zucker**	Eier und Zucker in einer Schüssel mit dem Schwingbesen gut verrühren. Heissen Rahm darunterrühren, in einen Messbecher giessen.
	Wasser, siedend	Förmchen auf Haushaltpapier in ein tiefes Backblech stellen. Creme in die Förmchen giessen, diese einzeln mit Alufolie zudecken. Siedendes Wasser bis auf ½ Höhe der Förmchen ins Blech giessen.
		Garen im Wasserbad: ca. 35 Min. in der Mitte des Ofens. Blech sorgfältig herausnehmen, Folie entfernen, Förmchen ca. 10 Min. im Wasser stehen lassen. Förmchen herausnehmen, auskühlen, Creme zugedeckt im Kühlschrank ca. 6 Std. fest werden lassen.
50 g **100 g**	**Himbeer-Bonbons** (z. B. Disch) **Himbeeren**	Bonbons im Mörser fein zerstossen oder im Cutter fein mahlen. Bonbons kurz vor dem Servieren gleichmässig auf der Creme verteilen, mit der Flamme des Bunsenbrenners caramelisieren, mit den Himbeeren verzieren.

Portion (¼): 555 kcal, F 46 g, Kh 28 g, E 6 g

Limetten-Pistazien-Crème-brûlée

⏱ **15 Min. + 35 Min. garen + 6 Std. kühl stellen**   ⚜ **glutenfrei**

Für 4 ofenfeste Förmchen von je ca. 2 dl

2½ dl	**Vollrahm**	Ofen auf 160 Grad vorheizen.
1	**Limette**	Rahm in eine Pfanne giessen. Limette heiss abspülen,
30 g	**ungesalzene geschälte Pistazien**	trocken tupfen, Schale dazureiben, Pistazien beigeben, zusammen pürieren, aufkochen. Pfanne von der Platte nehmen.
1	**frisches Ei**	Ei, Eigelbe, Joghurt und Honig in einer Schüssel mit
2	**frische Eigelbe**	dem Schwingbesen gut verrühren. Heissen Pistazienrahm
150 g	**griechisches Joghurt nature**	darunterrühren, in einen Messbecher giessen.
3 EL	**Akazienhonig**	
	Wasser, siedend	Förmchen auf Haushaltpapier in ein tiefes Backblech stellen. Creme in die Förmchen giessen, diese einzeln mit Alufolie zudecken. Siedendes Wasser bis auf ½ Höhe der Förmchen ins Blech giessen.
		Garen im Wasserbad: ca. 35 Min. in der Mitte des Ofens. Blech sorgfältig herausnehmen, Folie entfernen, Förmchen ca. 10 Min. im Wasser stehen lassen. Förmchen herausnehmen, auskühlen, Creme zugedeckt im Kühlschrank ca. 6 Std. fest werden lassen.
2 EL	**Zucker**	Zucker kurz vor dem Servieren gleichmässig auf der Creme
2 EL	**ungesalzene geschälte Pistazien**	verteilen, mit der Flamme des Bunsenbrenners caramelisieren. Pistazien grob hacken, darauf verteilen.

Portion (¼): 466 kcal, F 36 g, Kh 27 g, E 9 g

Crème brûlée

Schaumschlägerei

Eischnee lässt sich ebenfalls super dekorativ abflämmen, et voilà: Ihre Chai-Latte-Crème-brûlée!

Rezept →

Chai-Latte-Crème-brûlée

⊙ **15 Min. + 40 Min. garen + 6 Std. kühl stellen**   ⚕ **glutenfrei**

Für 4 ofenfeste Förmchen von je ca. 2 dl

4 dl	**Vollmilch**	Ofen auf 120 Grad vorheizen.
¼ TL	**Zimt**	Milch in eine Pfanne giessen, Zimt, Ingwerpulver, Kar-
2 Msp.	**Ingwerpulver**	damompulver, Nelkenpulver, Koriandersamen und
2 Msp.	**Kardamompulver**	Muskat beigeben, aufkochen. Pfanne von der Platte
2 Msp.	**Nelkenpulver**	nehmen.
1 Msp.	**Koriandersamen**	
1 Msp.	**Muskat**	

1	**frisches Ei**	Ei, Eigelbe und Honig in einer Schüssel mit dem Schwing-
2	**frische Eigelbe**	besen gut verrühren. Heisse Gewürzmilch darunter-
3 EL	**Akazienhonig**	rühren, durch ein Sieb in einen Messbecher giessen. Förm-
		chen auf ein Backblech stellen. Creme in die Förmchen
		giessen, diese einzeln mit Alufolie zudecken.

Garen ohne Wasserbad: ca. 40 Min. in der Mitte des Ofens
Blech herausnehmen, Folie entfernen, Förmchen aus-
kühlen, Creme zugedeckt im Kühlschrank ca. 6 Std. fest
werden lassen.

1	**frisches Eiweiss**	Eiweiss mit dem Salz kurz vor dem Servieren steif schla-
1 Prise	**Salz**	gen. Zucker beigeben, weiterschlagen, bis der Eischnee
30 g	**Zucker**	glänzt und sehr steif ist. Eischnee auf der Creme verteilen
		mit der Flamme des Bunsenbrenners abflämmen.

Portion (¼): 213 kcal, F 8 g, Kh 27 g, E 7 g

Tipp

Statt der Gewürze 2 Beutel Gewürztee (Sweet Chai Tee
mit der Milch aufkochen und ca. 10 Min. ziehen lassen.

Brombeer-Crème-brûlée

⏱ **20 Min. + 40 Min. garen + 6 Std. kühl stellen** 🗶 **glutenfrei**

Für 4 Förmchen von je ca. 2 dl oder eine grosse Form von ca. 8 dl

100 g Brombeeren **4 dl Vollrahm** **3 EL Kandiszucker** **2 Zweiglein Thymian**	Ofen auf 160 Grad vorheizen. Brombeeren längs halbieren, in die Förmchen verteilen. Rahm mit Zucker und Thymian in einer Pfanne aufkochen. Pfanne von der Platte nehmen, ca. 10 Min. (oder bis sich der Kandiszucker aufgelöst hat) ziehen lassen, Thymian entfernen.
2 frische Eier	Eier in einer Schüssel mit dem Schwingbesen gut verrühren. Heissen Thymianrahm darunterrühren, in einen Messbecher giessen.
Wasser, siedend	Förmchen auf Haushaltpapier in ein tiefes Backblech stellen. Creme in die Förmchen giessen, diese einzeln mit Alufolie zudecken. Siedendes Wasser bis auf ½ Höhe der Förmchen ins Blech giessen.
	Garen im Wasserbad: ca. 40 Min. in der Mitte des Ofens. Blech sorgfältig herausnehmen, Folie entfernen, Förmchen ca. 10 Min. im Wasser stehen lassen. Förmchen herausnehmen, auskühlen, Creme zugedeckt im Kühlschrank ca. 6 Std. fest werden lassen.
2 EL Kandiszucker oder Rohzucker **100 g Brombeeren** **4 Zweiglein Thymian**	Kandiszucker im Cutter fein mahlen. Zucker kurz vor dem Servieren gleichmässig auf der Creme verteilen, mit der Flamme des Bunsenbrenners caramelisieren. Brombeeren und Thymian darauf verteilen.

Portion (¼): 457 kcal, F 38 g, Kh 22 g, E 6 g

Statt Brombeeren Himbeeren verwenden.
<u>Garen ohne Wasserbad:</u> Förmchen auf ein Backblech stellen, ca. 45 Min. bei 120 Grad in der Mitte des Ofens garen.

Kaffee-Crème-brûlée

🕐 **15 Min. + 40 Min. garen + 6 Std. kühl stellen**   ⊗ **glutenfrei**

Für 4 ofenfeste Förmchen von je ca. 2 dl

2 dl Vollrahm **1 dl Espresso** **100 g gezuckerte Kondensmilch**	Ofen auf 120 Grad vorheizen. Rahm, Espresso und Kondensmilch in einer Pfanne aufkochen. Pfanne von der Platte nehmen.
2 frische Eier	Eier in einem Messbecher mit dem Schwingbesen gut verrühren. Heissen Kaffee-Rahm darunterrühren. Förmchen auf ein Backblech stellen. Creme in die Förmchen giessen, diese einzeln mit Alufolie zudecken.
	Garen ohne Wasserbad: ca. 40 Min. in der Mitte des Ofens. Blech herausnehmen, Folie entfernen, Förmchen auskühlen, Creme zugedeckt im Kühlschrank ca. 6 Std. fest werden lassen.
2 EL Rohzucker **4 Marshmallows** **4 Holzspiessli**	Zucker kurz vor dem Servieren gleichmässig auf der Creme verteilen, mit der Flamme des Bunsenbrenners caramelisieren. Marshmallows halbieren, je 2 Hälften an ein Spiessli stecken, mit der Flamme des Bunsenbrenners kurz abflämmen, mit der Crème brûlée anrichten.

Portion (¼): 335 kcal, F 23 g, Kh 27 g, E 6 g

Crème brûlée

Lagenlook vom Feinsten!

Unten herrliches Vermicelles mit Kakao,
oben samtige Creme – zum Niederknien.

Rezept →

Vermicelles-Crème-brûlée

🕐 **20 Min. + 40 Min. garen + 6 Std. kühl stellen**   ✕ **glutenfrei**

Für 4 ofenfeste Förmchen von je ca. 2 dl

220 g **tiefgekühltes Marroni-Püree,** aufgetaut **3 dl** **Vollrahm** **1½ EL** **Kirsch** oder Wasser **½ EL** **Kakaopulver**	Ofen auf 160 Grad vorheizen. Marroni-Püree mit 1 EL Rahm, Kirsch und Kakaopulver gut verrühren, 80 g beiseite stellen, restliches Püree in die Förmchen verteilen.
30 g **Meringues**	Restlichen Rahm in eine Pfanne giessen, Meringues zerdrücken, beigeben, aufkochen. Pfanne von der Platte nehmen.
2 **frische Eier**	Eier in einer Schüssel mit dem Schwingbesen gut verrühren. Heissen Rahm darunterrühren, durch ein Sieb in einen Messbecher giessen.
Wasser, siedend	Förmchen auf Haushaltpapier in ein tiefes Backblech stellen. Creme in die Förmchen giessen, diese einzeln mit Alufolie zudecken. Siedendes Wasser bis auf ½ Höhe der Förmchen ins Blech giessen.
	Garen im Wasserbad: ca. 40 Min. in der Mitte des Ofens. Blech sorgfältig herausnehmen, Folie entfernen, Förmchen ca. 10 Min. im Wasser stehen lassen. Förmchen herausnehmen, auskühlen, Creme zugedeckt im Kühlschrank ca. 6 Std. fest werden lassen.
2 EL **Zucker**	Zucker kurz vor dem Servieren gleichmässig auf der Creme verteilen, mit der Flamme des Bunsenbrenners caramelisieren. Beiseite gestelltes Marroni-Püree in einen Spritzsack mit gezackter Tülle (ca. 12 mm Ø) füllen, Crème brûlée verzieren.

Portion (¼): 457 kcal, F 29 g, Kh 39 g, E 6 g

Kokos-Crème-brûlée mit Zitronengras

⏱ **25 Min. + 40 Min. garen + 6 Std. kühl stellen**   ✂ **glutenfrei**

Für 4 ofenfeste Förmchen von je ca. 2 dl

2½ dl Kokosmilch (Thai Kitchen) **2 dl Vollrahm** **1 Stängel Zitronengras**	Ofen auf 160 Grad vorheizen. Kokosmilch und Rahm in eine Pfanne giessen, Zitronengrasstängel längs aufschneiden, beigeben, aufkochen. Pfanne von der Platte nehmen, ca. 10 Min. zugedeckt ziehen lassen. Zitronengras entfernen.
1 frisches Ei **2 frische Eigelbe** **3 EL Zucker**	Ei, Eigelbe und Zucker in einer Schüssel mit dem Schwingbesen gut verrühren. Kokosrahm darunterrühren, durch ein Sieb in einen Messbecher giessen.
Wasser, siedend	Förmchen auf Haushaltpapier in ein tiefes Backblech stellen. Creme in die Förmchen giessen, diese einzeln mit Alufolie zudecken. Siedendes Wasser bis auf ½ Höhe der Förmchen ins Blech giessen.
	Garen im Wasserbad: ca. 40 Min. in der Mitte des Ofens. Blech sorgfältig herausnehmen, Folie entfernen, Förmchen ca. 10 Min. im Wasser stehen lassen. Förmchen herausnehmen, auskühlen, Creme zugedeckt im Kühlschrank ca. 6 Std. fest werden lassen.
2 EL Zucker **30 g Kokosstreifen**	Zucker kurz vor dem Servieren gleichmässig auf der Creme verteilen, mit der Flamme des Bunsenbrenners caramelisieren. Kokosstreifen darüberstreuen.

Portion (¼): 428 kcal, F 36 g, Kh 21 g, E 6 g

Creme mit Kokosblütenzucker anstelle des
Kristallzuckers zubereiten.

Aprikosen-Crème-brûlée

⊙ **10 Min. + 30 Min. garen + 6 Std. kühl stellen**   ✏️ **vegan**   🥕 **glutenfrei**   🥛 **laktosefrei**

Für 4 ofenfeste Förmchen von je ca. 2 dl

250 g	**Seidentofu**	Ofen auf 120 Grad vorheizen.
150 g	**Mandeldrink**	Seidentofu in einen Messbecher geben. Mandeldrink,
1 EL	**Maizena**	Maizena, Aprikosenkonfitüre und Bittermandelaroma
60 g	**Aprikosenkonfitüre**	beigeben, fein pürieren. Förmchen auf ein Backblech
3	**Tropfen**	stellen. Creme in die Förmchen giessen, diese einzeln mit
	Bittermandelaroma	Alufolie zudecken.
		Garen ohne Wasserbad: ca. 30 Min. in der Mitte des Ofens. Blech herausnehmen, Folie entfernen, Förmchen auskühlen, Creme zugedeckt im Kühlschrank ca. 6 Std. fest werden lassen.
1 EL	**Mandelblättchen**	Mandelblättchen in einer beschichteten Bratpfanne ohne
2	**Aprikosen**	Fett rösten. Aprikosen in Schnitzchen schneiden, fächer-
2 EL	**Zucker**	artig auf die Creme legen. Zucker kurz vor dem Servieren gleichmässig auf den Aprikosen verteilen, mit der Flamme des Bunsenbrenners caramelisieren. Mandelblättchen darüberstreuen, sofort servieren.

Portion (¼): 121 kcal, F 2 g, Kh 21 g, E 4 g

Ein sommerlicher Hochgenuss!

Kirschen-Crème-brûlée

🕐 **15 Min. + 50 Min. garen + 6 Std. kühl stellen**   ⚗️ **glutenfrei**

Für 4 ofenfeste Förmchen von je ca. 2 dl

180 g	**Kirschen**	Ofen auf 120 Grad vorheizen.
4 EL	**Gelierzucker**	Kirschen entsteinen, mit dem Gelierzucker in eine Pfanne geben, aufkochen, unter ständigem Rühren ca. 5 Min. köcheln. Kirschen in die Förmchen verteilen.
2 dl	**Doppelrahm**	Rahm mit Crème fraîche, Zucker und Vanillezucker in einer
100 g	**Crème fraîche**	Pfanne aufkochen. Eier in einem Messbecher mit dem
1 EL	**Zucker**	Schwingbesen gut verrühren. Heisse Rahmmasse darun-
1 Päckli	**Vanillezucker**	terrühren. Förmchen auf ein Backblech stellen. Creme in
2	**frische Eier**	die Förmchen giessen, diese einzeln mit Alufolie zudecken.
		Garen ohne Wasserbad: ca. 50 Min. in der Mitte des Ofens. Blech herausnehmen, Folie entfernen, Förmchen aus-kühlen, Creme zugedeckt im Kühlschrank ca. 6 Std. fest werden lassen.
50 g	**weisse Schokolade**	Schokolade fein hacken, in einer dünnwandigen Schüssel
100 g	**Kirschen mit Stiel**	über das nur leicht siedende Wasserbad hängen, sie darf das Wasser nicht berühren. Schokolade schmelzen, glatt rühren. Kirschen zur Hälfte in die Schokolade tauchen, auf einem Backpapier trocknen lassen.
2 EL	**Zucker**	Zucker kurz vor dem Servieren gleichmässig auf der Creme verteilen, mit der Flamme des Bunsenbrenners caramelisieren, mit Schokolade-Kirschen verzieren.

Portion (¼): 563 kcal, F 41 g, Kh 41 g, E 6 g

Crema catalana

Gekochte Cremen mit tollen Aromen: Vanille,
Schokolade, Caramel und natürich mit Früchten,
herrlich cremig und mit feiner Caramelkruste!

Crema catalana

⊘ 25 Min. + 4 Std. kühl stellen   ⚘ glutenfrei

Für 4 Förmchen von je ca. 2 dl

4 dl	**Milch**	Milch, Zucker, Maizena und Eigelbe in einer Pfanne mit dem Schwingbesen gut verrühren. Von der Orange die Schale mit einem Sparschäler abschälen, mit dem Zimt beigeben, unter ständigem Rühren bei mittlerer Hitze zum Kochen bringen. Sobald die Masse bindet, Pfanne sofort von der Platte nehmen, ca. 2 Min. weiterrühren. Creme durch ein Sieb in einen Messbecher streichen, in die Förmchen giessen, auskühlen, Creme zugedeckt im Kühlschrank ca. 4 Std. fest werden lassen.
3 EL	**Zucker**	
2 EL	**Maizena**	
3	**frische Eigelbe**	
1	**Bio-Orange**	
½	**Zimtstange**	
2 EL	**grobkörniger Rohzucker**	Zucker kurz vor dem Servieren gleichmässig auf der Creme verteilen, mit der Flamme des Bunsenbrenners caramelisieren.

Portion (¼): 197 kcal, F 9 g, Kh 24 g, E 6 g

Der Klassiker – olé!

Erdbeeren mit Crunch

Verblüffen Sie mit fruchtigem Crunch-Effekt: Erdbeerscheiben auf die Creme legen, mit Zucker bestreuen, mit der Flamme des Bunsenbrenners caramelisieren.

Rezept →

Crema catalana mit Erdbeeren

🕐 **20 Min. + 2 Std. kühl stellen**   🍃 **glutenfrei**

Für 4 Förmchen von je ca. 2 dl

125 g	**Erdbeeren**	Erdbeeren in Würfeli schneiden, mit dem Zucker mischen,
1 EL	**Zucker**	in die Förmchen verteilen.
1 dl	**Vollrahm**	Rahm und Crème fraîche in eine Schüssel geben. Vanille-
100 g	**Crème fraîche**	stängel längs aufschneiden, Samen auskratzen, diese
½	**Vanillestängel**	mit dem Zucker und dem Gelatinepulver beigeben, mit den
1 EL	**Zucker**	Schwingbesen des Handrührgeräts ca. 2 Min. rühren,
½ Päckli	**Gelatine Express**	bis eine feste Masse entsteht. Masse in die Förmchen ver-
	(z. B. Dr. Oetker, ca. 7½ g)	teilen, Creme zugedeckt im Kühlschrank ca. 2 Std. fest werden lassen.
125 g	**Erdbeeren**	Erdbeeren in feine Scheiben schneiden, auf der Creme
2 EL	**Zucker**	verteilen, Zucker darüberstreuen, mit der Flamme des Bunsenbrenners caramelisieren, sofort servieren.

Portion (¼): 241 kcal, F 18 g, Kh 18 g, E 2 g

Crema catalana al lima

🕐 **20 Min. + 2 Std. kühl stellen**   🌾 **glutenfrei**

Für 4 Förmchen von je ca. 2 dl

2 dl **Vollrahm** (UHT) **100 g** **gezuckerte** **Kondensmilch** **1** **Limette**	Rahm und Kondensmilch in einer Schüssel mit den Schwingbesen des Handrührgeräts ca. 2 Min. rühren, bis die Masse cremig ist. Limette heiss abspülen, trocken tupfen, die Schale zur Creme reiben. 2 EL Saft auspressen. Den Limettensaft unter ständigem Rühren anfangs tropfenweise, dann im Faden dazugiessen, bis eine dickflüssige Masse entsteht. Masse in die Förmchen verteilen, Creme zugedeckt im Kühlschrank ca. 2 Std. fest werden lassen.
1 EL **Zucker** **1 EL** **Hagelzucker** **1** **Limette**	Zucker und Hagelzucker kurz vor dem Servieren gleichmässig auf der Creme verteilen, mit der Flamme des Bunsenbrenners caramelisieren. Limette heiss abspülen, Schale dünn abschälen, Creme damit verzieren.

Portion (¼): 279 kcal, F 20 g, Kh 22 g, E 3 g

Limettenschale sorgt für ein herrlich erfrischendes Aroma!

Caramel-Chips

Backen Sie harte Caramels (z. B. Werther's)
im Ofen (Rezept S. 62), legen Sie
diese auf die Creme. Augen schliessen,
Crema catalana geniessen!

Rezept →

Crema catalana con caramelo

⏱ **25 Min. + 4 Std. kühl stellen + 5 Min. backen**   🌾 **glutenfrei**

Für 4 Förmchen von je ca. 2 dl

4 dl	**Halbrahm**	Rahm, Maizena und Eier in einer Pfanne mit dem Schwingbesen gut verrühren. Carameltäfeli beigeben, unter ständigem Rühren bei mittlerer Hitze zum Kochen bringen. Sobald die Masse bindet, Pfanne sofort von der Platte nehmen, ca. 2 Min. weiterrühren, bis die Carameltäfeli geschmolzen sind. Creme durch ein Sieb in einen Messbecher streichen, in die Förmchen giessen, auskühlen, Creme zugedeckt im Kühlschrank ca. 4 Std. fest werden lassen.
2 EL	**Maizena**	
2	**frische Eier**	
150 g	**weiche Carameltäfeli** (All Butter Fudge von Fine Food)	
8	**harte Carameltäfeli** (Werther's)	Ofen auf 200 Grad vorheizen. Carameltäfeli mit grossem Abstand auf ein mit Backpapier belegtes Blech legen.
		Backen: ca. 5 Min. in der Mitte des Ofens. Herausnehmen, Caramel-Chips mit dem Backpapier auf ein Gitter ziehen, auskühlen. Caramel-Chips vor dem Servieren auf die Creme legen.

Portion (¼): 520 kcal, F 34 g, Kh 47 g, E 6 g

Variante

Caramel-Chips weglassen. 2 EL Zucker über die Creme streuen, mit der Flamme des Bunsenbrenners caramelisieren.

Crema catalana mit Bonbon-Kruste

🕐 **25 Min. + 4 Std. kühl stellen**   🍽 **glutenfrei**

Für 4 Förmchen von je ca. 2 dl

2 dl	**Vollrahm**	Rahm, Eier, Butter, Zucker, Maizena und Kardamompulver
2	**frische Eier**	in einer Pfanne mit dem Schwingbesen gut verrüh-
20 g	**Butter**	ren. Von der Orange und der Zitrone den Saft auspressen
4 EL	**Zucker**	(ergibt ca. 2 dl), dazugiessen, unter ständigem Rühren
2 EL	**Maizena**	bei mittlerer Hitze zum Kochen bringen. Sobald die Masse
¼ TL	**Kardamompulver**	bindet, Pfanne sofort von der Platte nehmen, ca. 2 Min.
1	**Orange**	weiterrühren. Creme durch ein Sieb in einen Messbecher
1	**Zitrone**	streichen, in die Förmchen giessen, auskühlen, Creme
		zugedeckt im Kühlschrank ca. 4 Std. kühl fest werden
		lassen.

50 g	**Zitronenmelisse-Bonbons** (z. B. Ricola)	Bonbons im Mörser fein zerstossen oder im Cutter fein mahlen. Bonbons kurz vor dem Servieren gleichmässig auf der Creme verteilen, mit der Flamme des Bunsenbrenners caramelisieren.

Portion (¼): 326 kcal, F 24 g, Kh 21 g, E 5 g

Tipp

Statt Bonbons 2 EL Zucker verwenden.

Heidelbeer-Crema-catalana

🕐 10 Min. + 2 Std. kühl stellen   ⚘ glutenfrei

Für 4 Förmchen von je ca. 2 dl

400 g	saurer Halbrahm	Sauren Halbrahm, Konfitüre und Gelatinepulver in einer
120 g	Heidelbeerkonfitüre	Schüssel gut verrühren. Masse in die Förmchen verteilen,
1 Päckli	Gelatine Express	zugedeckt im Kühlschrank ca. 2 Std. fest werden lassen.
	(z. B. Dr. Oetker, ca. 15 g)	
2 EL	Puderzucker	Puderzucker kurz vor dem Servieren gleichmässig auf
2	Zweiglein	der Creme verteilen, mit der Flamme des Bunsenbrenners
	Pfefferminze	caramelisieren. Pfefferminzblättchen abzupfen, mit den
50 g	Blaubeeren	Blaubeeren auf der Creme verteilen.

Portion (¼): 275 kcal, F 17 g, Kh 28 g, E 4 g

Super easy, super schnell und ganz ohne Kochen!

SUCRE VANILLE
ZUCCHERO VANIGLIATO
mit Bourbon-Vanilleschoten
à la vanille Bourbon
con vaniglia Bourbon

Betupft!

1 dl Rahm mit 1 Päckli Vanillezucker
steif schlagen, in einen Spritzsack
mit gezackter Tülle (ca. 12 mm Ø) geben.
Spritzen Sie kurz vor dem Servieren
Mini-Tupfer auf die Caramelschicht, et voilà,
eine einfache Deko mit Wow-Effekt.

Rezept →

Crema catalana mit Baileys

🕐 **20 Min. + 4 Std. kühl stellen**   ⚛ **glutenfrei**

Für 4 Förmchen von je ca. 2 dl

2 dl	**Milch**	Milch, Rahm, Likör, Zucker, Maizena und Eigelbe in einer
2 dl	**Halbrahm**	Pfanne mit dem Schwingbesen gut verrühren, unter
4 EL	**Whiksy-Rahm-Likör**	ständigem Rühren bei mittlerer Hitze zum Kochen bringen.
	(z. B. Baileys)	Sobald die Masse bindet, Pfanne sofort von der Platte
3 EL	**Zucker**	nehmen, ca. 2 Min. weiterrühren. Creme durch ein Sieb
2 EL	**Maizena**	in einen Messbecher streichen, in die Förmchen giessen,
3	**frische Eigelbe**	auskühlen, Creme zugedeckt im Kühlschrank ca. 4 Std.
		fest werden lassen.
2 EL	**Zucker**	Zucker kurz vor dem Servieren gleichmässig auf der
		Creme verteilen, mit der Flamme des Bunsenbrenners
		caramelisieren.
1 dl	**Vollrahm**	Rahm mit dem Vanillezucker steif geschlagen, in einen
1 Päckli	**Vanillezucker**	Spritzsack mit gezackter Tülle (ca. 12 mm Ø) geben,
		auf den Caramel spritzen.

Portion (¼): 442 kcal, F 31 g, Kh 30 g, E 6 g

Varianten

Statt Baileys Eierlikör oder Kaffeelikör verwenden.

Stracciatella catalana

🕐 **20 Min. + 2¼ Std. kühl stellen**   ⚗ **glutenfrei**

Für 4 Förmchen von je ca. 2 dl

540 g	**Dessert extrafin** (Sauermilch)	Sauermilch, Zucker und Gelatinepulver in einer Schüssel gut verrühren, Schokoladespäne daruntermischen, Masse in die Förmchen verteilen, zugedeckt im Kühlschrank ca. 2 Std. fest werden lassen.
2 EL	**Zucker**	
1 Päckli	**Gelatine Express** (z. B. Dr. Oetker, ca. 15 g)	
40 g	**Schokoladespäne**	
1 Beutel	**dunkle Kuchenglasur** (ca. 125 g)	Kuchenglasur im Wasserbad schmelzen, auf der Creme verteilen, ca. 15 Min. im Kühlschrank fest werden lassen.

Portion (¼): 443 kcal, F 32 g, Kh 31 g, E 7 g

Für Sternstunden

Verzieren Sie die Stracciatella catalana vor dem Servieren mit essbaren Goldsternchen.

Crema catalana mit weisser Schokolade

⊙ **20 Min. + 6 Std. kühl stellen + 3 Min. backen**   ⊠ **glutenfrei**

Für 4 Förmchen von je ca. 2 dl

1 dl	**Halbrahm**	Rahm in einer Pfanne aufkochen. Pfanne von der Platte
200 g	**weisse Schokolade**	nehmen. Schokolade fein hacken, beigeben, unter Rühren
300 g	**griechisches Joghurt nature**	schmelzen, etwas abkühlen. Joghurt daruntermischen, Masse in den Förmchen verteilen, auskühlen, zugedeckt im Kühlschrank ca. 6 Std. fest werden lassen.
50 g	**weisse Schokolade**	Ofen auf 200 Grad vorheizen.
wenig	**Fleur de Sel**	Schokolade fein hacken, in einer dünnwandigen Schüssel über das nur leicht siedende Wasserbad hängen, sie darf das Wasser nicht berühren. Schokolade schmelzen, glatt rühren. Schokolade auf ein mit Backpapier belegtes Blech giessen, glatt streichen, Fleur de Sel darüberstreuen.
80 g	**Johannisbeeren**	**Backen:** ca. 3 Min. in der Mitte des Ofens. Herausnehmen, Schokolade mit dem Backpapier auf ein Gitter ziehen, auskühlen. Schokolade grob zerbröckeln, mit den Johannisbeeren auf der Creme verteilen.

Portion (¼): 522 kcal, F 37 g, Kh 40 g, E 7 g

Diese Crunchy-Schicht macht süchtig!

Aromafeuerwerk

Diese vegane Crema catalana steckt
voller Aromen: cremige Kokosmilch,
fruchtige Mango und als Tüpfelchen auf
dem i kandierter Ingwer. Er sorgt
für Süsse mit dezenter Schärfe, mit der
Caramelkruste eine Wucht!

Rezept →

Crema catalana exótica

⊙ 30 Min. + 4 Std. kühl stellen   🌿 vegan   🌾 glutenfrei

Für 4 Förmchen von je ca. 2 dl

1	**Mango** (ca. 200 g)	Mango schälen, in Stücke schneiden, in einen Messbecher
1 EL	**Zitronensaft**	geben. Zitronensaft und Wasser beigeben, pürieren,
1 EL	**Wasser**	in die Förmchen verteilen.
5 dl	**Kokosmilch**	Kokosmilch, Zucker und Geliermittel in einer Pfanne mit
3 EL	**Zucker**	dem Schwingbesen unter ständigem Rühren sprudelnd
1 TL	**veganes Geliermittel** (Dr. Oetker)	aufkochen. Creme durch ein Sieb in einen Messbecher giessen, in die Förmchen giessen, auskühlen, Creme zugedeckt im Kühlschrank ca. 4 Std. fest werden lassen.
2 EL	**Zucker**	Zucker kurz vor dem Servieren gleichmässig auf der
30 g	**kandierter Ingwer**	Creme verteilen, mit der Flamme des Bunsenbrenners caramelisieren. Ingwer in Würfeli schneiden, auf der Creme verteilen.

Portion (¼): 350 kcal, F 23 g, Kh 33 g, E 3 g

Crema catalana mit Ahornsirup und Zimt

🕐 **20 Min. + 4 Std. kühl stellen**   🍴 **glutenfrei**

Für 4 Förmchen von je ca. 2 dl

2 dl	**Milch**	Milch, Rahm, Maizena, Eigelbe und Ahornsirup in einer
2 dl	**Halbrahm**	Pfanne mit dem Schwingbesen gut verrühren. Zimt
2 EL	**Maizena**	beigeben, unter ständigem Rühren bei mittlerer Hitze
3	**frische Eigelbe**	zum Kochen bringen. Sobald die Masse bindet, Pfanne
5 EL	**Ahornsirup**	sofort von der Platte nehmen, ca. 2 Min. weiterrühren.
1	**Zimtstange**	Zimtstange entfernen, Creme durch ein Sieb in einen
		Messbecher streichen, in die Förmchen giessen, auskühlen
		Creme zugedeckt im Kühlschrank ca. 4 Std. fest werden
		lassen.
2 EL	**Rohzucker**	Zucker kurz vor dem Servieren gleichmässig auf der
		Creme verteilen, mit der Flamme des Bunsenbrenners
		caramelisieren.

Portion (¼): 276 kcal, F 21 g, Kh 27 g, E 5 g

Crema catalana mit Banane

🕐 20 Min. + 4 Std. kühl stellen   ✖ glutenfrei   🥛 laktosefrei

Für 4 Förmchen von je ca. 2 dl

4 dl	**Mandeldrink** (Karma)	Mandeldrink, Mandelmus, Zucker, Maizena, Eier und Kardamompulver in einer Pfanne mit dem Schwingbesen gut verrühren. Masse unter ständigem Rühren bei mittlerer Hitze zum Kochen bringen. Sobald die Masse bindet, Pfanne sofort von der Platte nehmen, ca. 2 Min. weiterrühren. Creme durch ein Sieb in einen Messbecher streichen, in die Förmchen giessen, auskühlen, Creme zugedeckt im Kühlschrank ca. 4 Std. fest werden lassen.
50 g	**dunkles Mandelmus** (Karma)	
3 EL	**grobkörniger Rohzucker**	
2 EL	**Maizena**	
2	**frische Eier**	
¼ TL	**Kardamompulver**	
1	**Banane**	Kurz vor dem Servieren Banane schälen, in Scheiben schneiden, auf der Creme verteilen. Zucker gleichmässig darüberstreuen, mit der Flamme des Bunsenbrenners caramelisieren.
2 EL	**grobkörniger Rohzucker**	

Portion (¼): 241 kcal, F 11 g, Kh 28 g, E 7 g

Variante

Caramelkruste weglassen. Gebrannte Mandeln
grob hacken, über die Creme und die Banane streuen.

Perfekte Vermählung

Vertrauen Sie diesem Traumpaar: Der Thymian
unterstützt das fruchtig-frische Aroma
von Zitrusfrüchten, speziell aber von Mandarinen.
Schon wenig Thymian als Verzierung reicht,
wer gerne Neues kennenlernt, kocht 3 Zweiglein
mit der Creme mit. Schmeckt herrlich!

Rezept →

Crema catalana mit Mandarinen

🕐 **40 Min. + 4 Std. kühl stellen**   🚫 **glutenfrei**

Für 4 Förmchen von je ca. 2 dl oder eine grosse Form von ca. 7 dl

4	**Mandarinen**	Von den Mandarinen den ganzen Saft auspressen
2	**frische Eier**	(ergibt ca. 1½ dl). Saft, Eier, Zucker und Maizena in einer
2 EL	**Zucker**	Pfanne mit dem Schwingbesen gut verrühren, unter
1 EL	**Maizena**	ständigem Rühren bei mittlerer Hitze zum Kochen bringen. Sobald die Masse bindet, die Pfanne sofort von der Platte nehmen, ca. 2 Min. weiterrühren. Creme durch ein Sieb in einen Messbecher streichen, auskühlen.
500 g	**Mascarpone**	Mascarpone gut darunterrühren, in die Förmchen verteilen, zugedeckt im Kühlschrank ca. 4 Std. fest werden lassen.
2 EL	**Zucker**	Zucker kurz vor dem Servieren gleichmässig auf der
1	**Mandarine**	Creme verteilen, mit der Flamme des Bunsenbrenners
4	**Zweiglein Thymian**	caramelisieren. Mandarine heiss abspülen, trocken tupfen, von der Schale feine Streifen abschälen, Thymianblättchen abzupfen, beides auf der Creme verteilen.

Portion (¼): 661 kcal, F 61 g, Kh 18 g, E 9 g

Tipps

Statt Mandarinen Orangen oder Zitronen verwenden.
Für Adventsstimmung sorgt ½ TL Zimt in der Creme, lassen
Sie dann den Thymian weg.

Crema catalana mit Kumquats

🕐 **20 Min. + 4 Std. kühl stellen**

Für 4 Förmchen von je ca. 2 dl oder eine grosse Form von ca. 8 dl

3 Blatt	**Gelatine**	Gelatine ca. 5 Min. in kaltes Wasser einlegen.
2 dl **2 dl** **3 EL** **2 TL**	**Milch** **Rahm** **flüssiger Honig** **Lebkuchengewürz**	Milch, Rahm und Honig mit dem Lebkuchengewürz in eine Pfanne unter ständigem Rühren aufkochen, Pfanne von der Platte nehmen. Gelatine abtropfen, mit dem Schwingbesen unter den Milchrahm rühren. Masse durch ein Sieb in einen Messbecher streichen, in die Förmchen giessen, auskühlen, Creme zugedeckt im Kühlschrank ca. 4 Std. fest werden lassen.
50 g **8** **2 EL**	**Caramel-Guetzli** (z. B. Karamellgebäck, Lotus) **Kumquats** **Zucker**	Guetzli in einem Plastikbeutel mit dem Wallholz fein zerstossen. Kumquats in Scheiben schneiden, auf einem Teller verteilen. Zucker darüberstreuen, mit der Flamme des Bunsenbrenners caramelisieren, auskühlen. Kurz vor dem Servieren Guetzli und Kumquats auf der Creme verteilen.

Portion (¼): 354 kcal, F 22 g, Kh 35 g, E 4 g

Lebkuchengewürz, Caramel-Guetzli und caramelisierte Kumquats – so schmeckt Weihnachten!

Apfel-Crema-catalana

🕐 30 Min. + 4 Std. kühl stellen   🍴 glutenfrei

Für 4 Förmchen von je ca. 2 dl

1 rotschaliger Apfel **50 g Zucker** **2 EL Wasser** **20 g Butter**	Apfel in Würfeli schneiden. Zucker und Wasser in einer weiten Pfanne ohne Rühren aufkochen. Hitze reduzieren, unter Hin-und-her-Bewegen der Pfanne köcheln, bis ein hellbrauner Caramel entsteht. Pfanne von der Platte nehmen. Butter und Apfelwürfeli beigeben, ca. 5 Min. köcheln, etwas abkühlen, in die Förmchen verteilen.
2 dl Süssmost **2 dl Vollrahm** **3 EL Zucker** **2 EL Maizena** **2 frische Eier** **1 Bio-Zitrone**	Süssmost, Rahm, Zucker, Maizena und Eier in einer Pfanne mit den Schwingbesen gut verrühren. Von der Zitrone die Schale mit einem Sparschäler abschälen, beigeben, unter ständigem Rühren bei mittlerer Hitze zum Kochen bringen. Sobald die Masse bindet, Pfanne sofort von der Platte nehmen, ca. 2 Min. weiterrühren. Creme durch ein Sieb in einen Messbecher streichen, in die Förmchen giessen, auskühlen, Creme zugedeckt im Kühlschrank ca. 4 Std. fest werden lassen.
2 EL Zucker	Zucker kurz vor dem Servieren gleichmässig auf der Creme verteilen, mit der Flamme des Bunsenbrenners caramelisieren.

Portion (¼): 414 kcal, F 24 g, Kh 44 g, E 4 g

Zuckerzauber

Das eignet sich zum Abflämmen: Grobkörniger Rohzucker gibt die schönste caramelfarbige Kruste. Kristallzucker eignet sich auch perfekt für eine schön chrunchy Caramelkruste. Auch harte Bonbons (z. B. Himbeer, Orange, Zitronenmelisse) und Kandiszucker eignen sich. Diese vor dem Abflämmen im Mörser fein zerstossen.

Rezeptverzeichnis

Stichwortverzeichnis

Hinweise

**Alle Rezepte in diesem Buch sind,
wo nicht anders vermerkt, für 4 Personen
berechnet.**

Massangaben
Alle in den Rezepten angegebenen
Löffelmasse entsprechen dem Betty Bossi
Messlöffel.

Ofentemperaturen
Gelten für das Backen mit Ober- und
Unterhitze. Beim Backen mit Heissluft ver-
ringert sich die Backtemperatur um
ca. 20 Grad. Beachten Sie die Hinweise
des Backofenherstellers.

Nährwertberechnung
Ist bei einer Zutat eine Alternative erwähnt
wird immer die erstgenannte Zutat berechnet. Nur wenn Alkohol in einem Rezept
vollständig eingekocht wird, enthält er
keine Kalorien mehr. Wird er zur Hälfte eingekocht, enthält er die Hälfte an Kalorien,
ansonsten wird er voll berechnet.

Quellennachweis
Das im Buch abgebildete Geschirr und
Besteck sowie die Dekorationen stammen
aus Privatbesitz.

Digitale Kochbücher

Exklusiv für Abonnenten

Besitzen Sie ein oder mehrere Betty Bossi Kochbücher?

Dann loggen Sie sich ein oder registrieren Sie sich jetzt als Abonnent/in – es lohnt sich: Alle* **Ihre Bücher sind dann online unter «Meine Rezepte» abrufbar.**

So haben Sie ab sofort auch **von unterwegs** jederzeit Zugriff auf alle Ihre Rezepte.

Kochbücher → *Einloggen* → *Digital*

1. Besitzen Sie Betty Bossi Kochbücher?

2. Registrieren oder einloggen unter bettybossi.ch

3. Ihre Rezepte digital verfügbar

* Gilt für alle Betty Bossi Kochbücher, die digital zur Verfügung stehen und vom Abonnenten direkt bei Betty Bossi gekauft wurden.

Bestellen Sie mit der nachfolgenden Bestell-Karte oder unter bettybossi.ch

Apéro & Fingerfood

288 Seiten

Servieren Sie Ihren Lieben zum Apéro herrliche Knabbereien, Spiessli mit Dips, Feines im Glas oder Schälchen, vielfältiges Apéro-Gebäck und überraschende Häppchen.

→ Art. 27122.998

Backen in der Weihnachtszeit

Neue Ideen für eine stimmungsvolle Adventszeit: 35 Sorten schnelle, einfache und traditionelle Guetzli, weihnachtliche Gugelhöpfe, Glühwein-Mini-Savarins, Stollen, Lebkuchen, Biberli, Birnenweggen, Grittibenzen und Dreikönigskuchen.

→ Art. 27028.998

Betty backt mit dir

Unsere 100 schönsten Backrezepten. Backen ist Achtsamkeit, Magie und Herzlichkeit. Die Geheimzutat: Liebe! Verwöhnen Sie Ihre Liebsten mit einem Glücksmoment.

→ Art. 27182.998

Betty Bossi Backbuch

Schweizer Klassiker, die jeder liebt sowie bewährte Erfolgsrezepte zu Torten und Kuchen aller Art. Dazu weitere gluschtige Rezepte und Tipps rund um den Backofen. Das beliebte Backbuch sollte in keinem Haushalt fehlen.

→ Art. 20003.998

Blechkuchen & Brownies

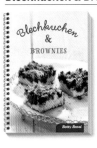

Schnell den perfekten Kuchen für eine Party backen? Hier finden Sie die beliebtesten Blechkuchen, unwiderstehliche Tartes, die besten Cheesecakes und Brownies.

→ Art. 27094.998

Blitzgratin & schnelle Lasagne

Schnippeln, einfüllen, backen – geniessen. 30 neue Lieblingsrezepte für Blitzgratins, Hauptgerichte und Beilagen. Dazu superschnelle Lasagne-Rezepte für den Alltag.

→ Art. 27160.998

Brot & Brötchen

288 Seiten

Der einfachste Weg zum perfekten Brot! Ausführliche Brotbackschule und 100 Rezepte für knuspriges Brot, duftende Brötchen, Sonntagszopf, Vollkorn- und Sauerteigbrote.

→ Art. 27118.998

Cheesecakes

Die schönsten Cheesecake-Varianten: gebacken, ungebacken und im Glas – für jede Jahreszeit und jede Gelegenheit. Ein Stück Cheesecake macht einfach alle glücklich!

→ Art. 27158.998

Crème brûlée

30 Varianten Crème brûlée und Crema catalana: fruchtig, Vanille, Schokolade, Caramel … Wow-Effekt garantiert: Caramelisieren Sie den Zucker vor Ihren Lieben am Tisch.

→ Art. 27170.998

Das grosse Betty Bossi Kochbuch `480 Seiten`

Das Basiskochbuch darf in keiner Küche fehlen. Es ist Nachschlagewerk und Inspirationsquelle für alle, vom Einsteiger bis zum Kochprofi, mit allen Grundrezepten samt Varianten, über 600 Bildern und noch mehr Tipps.

→ Art. 27018.998

Das grosse Dessertbuch `288 Seiten`

Fruchtige Cremen, luftige Mousses, schnelles Gebäck, Panna cotta: Klassiker und viele neue Inspirationen. Ein Dessert-Eldorado für alle grossen und kleinen Naschkatzen.

→ Art. 27128.998

Die beliebtesten 50 Rezepte

Die Top-50-Rezepte von Betty Bossi: Diese Lieblingsrezepte werden am meisten gesucht und gekocht: von A wie Älplermagronen bis Z wie Zopf. Glänzende Augen garantiert!

→ Art. 27136.998

Echt italienisch `320 Seiten`

Wir laden Sie ein zu einer kulinarischen Italienreise durch alle Regionen unseres südlichen Nachbarlandes. Es gibt neben heiss geliebten Traditionsrezepten auch viel Neues zu entdecken! Mediterrane Küche zum Schwelgen.

→ Art. 27068.998

Einfach asiatisch `320 Seiten`

Die beliebtesten Gerichte und Neuentdeckungen aus den beliebtesten asiatischen Ländern: Thailand, Vietnam, China, Japan, Indonesien, Malaysia und Indien. Die Rezepte sind einfach nachzukochen, leicht und gesund.

→ Art. 27054.998

Entspannt verwöhnen `288 Seiten`

Herrliche Verwöhnrezepte für Apéro, Vorspeisen, Hauptgerichte, Beilagen und Desserts: Alles lässt sich vorbereiten, Sie geniessen entspannt die Zeit mit Ihren Lieben.

→ Art. 27130.998

Fruchtig-süsse Wähen

Überraschende Kreationen: fruchtig süsse Wähen mit cremigem Guss, knusprigem Teig und vielen frischen Früchten für alle Jahreszeiten. Genuss pur.

→ Art. 27102.998

Fruchtige Tiramisu

Viele neue Tiramisu-Rezepte für jede Saison: mit farbenfrohen Früchten und feinsten Aromen, schnellen, einfachen Ideen und edlen Varianten mit Wow-Effekt.

→ Art. 27120.998

Gemüselust

320 Seiten

Die neue, kreative Gemüseküche: eine Schlemmerreise durch alle Jahreszeiten mit farbenfrohen, gesunden und leckeren Gemüsegerichten – mit und ohne Fleisch.

→ Art. 27100.998

Gesund & schlank Band 1

Mit Genuss essen, satt werden und dabei erst noch gesund abnehmen. Mit feinen und ausgewogenen Rezepten zum persönlichen Wohlfühlgewicht. Zusätzliche Unterstützung bietet der hilfreiche Ratgeberteil.

→ Art. 27064.998

Gesund & schlank Band 2

 320 Seiten

Band 2 mit 320 Seiten bietet über 150 neue Rezepte zum Abnehmen mit Genuss: Frühstück, Lunch, Nachtessen und Desserts – für alle Jahreszeiten. Zusätzliche Unterstützung bietet der hilfreiche Ratgeberteil.

→ Art. 27076.998

Gesund & schlank Band 3

320 Seiten

Gesunde Rezepte zum Abnehmen, in nur 30 Minuten servierbereit. Dank individueller Menükombination (Low-Carb, ausbalanciert oder vegetarisch) genussvoll abnehmen.

→ Art. 27092.998

Gesund & schlank Band 4

320 Seiten

Mit unserem Menüplan spielend 3 kg in nur 3 Wochen verlieren, sich dabei satt und vital fühlen. Dazu viele neue Rezepte mit Superfoods für weiteren Gewichtsverlust.

→ Art. 27098.998

Gesund & schlank Band 5

320 Seiten

Abnehmen mit einheimischen super Foods. 3 Menüpläne für je 2 Wochen: Low Carb, balanced, vegi, mit 6 Kurzprogrammen und Ratgeberteil für mehr Energie und Lebensfreude.

→ Art. 27108.998

Gesund & schlank Band 6

288 Seiten

Abnehmen mit Low Carb, genussvoll, alltagstauglich und abwechslungsreich: 3-Wochen-Programm, Quick Lunches, 50 Lieblingsrezepte und praktischer Ratgeberteil.

→ Art. 27116.998

Gesund & schlank Band 7 · 288 Seiten

Abnehmen im Alltag – schnell und einfach! Clevere Ideen, wie Mahlzeiten in wenigen Minuten vorbereitet sind. Dazu viele Tipps, wie Abnehmen auch mit Familie gelingt.

→ Art. 27132.998

Gesund & schlank Band 8 · 288 Seiten

Gerichte mit maximal 220, 330, 440 oder 550 Kalorien, frei kombinierbar, flexibel und abgestimmt auf Ihre Bedürfnisse, ob mit zwei oder drei Mahlzeiten pro Tag.

→ Art. 27146.998

Gesund kochen

Gut erhältliche Zutaten und schnelle Rezepte für viel ausgewogenen Genuss, auch im hektischen Alltag. Dazu praxisorientierte Tipps für einen gesunden Familienalltag.

→ Art. 27080.998

Grill-Beilagen

Die beliebtesten Beilagen zu Grilladen: Klassische und moderne Sattmacher- und Gemüsesalate, Beilagen vom Grill und aus dem Ofen, dazu feine Dips und Saucen.

→ Art. 27152.998

Gugelhopf

Nostalgie und im Trend zugleich: Ein Gugelhopf ist Emotion und so vielseitig, süss und pikant! Sie wählen, ob grosser, mittlerer Gugelhopf oder kleine Gugelhöpfli.

→ Art. 27156.998

Herzlich eingeladen · 320 Seiten

Fingerfood, Vorspeisen, Hauptgerichte und Desserts – von unkompliziert bis gediegen. Viele Tipps und Tricks zum Vorbereiten und auch für vegetarische Varianten.

→ Art. 27090.998

Heute kocht mein Ofen · 288 Seiten

Das Kochen im Ofen ist praktisch, schnell vorbereitet und ganz entspannt. Ob für Familie, Freunde oder Gäste. Ideen für jede Gelegenheit rund ums Jahr.

→ Art. 27112.998

Knusprig gebacken · 288 Seiten

Teige oder Brote belegen, ab in den Ofen – geniessen! 100 Ideen für pikantes Wow-Gebäck: mit einem Salat ergänzt eine schnelle und rundum heiss geliebte Mahlzeit.

→ Art. 27142.998

Kuchenduft

320 Seiten

Viele neue Rezepte für alle Jahreszeiten, jede Gelegenheit und jedes Talent: wunderbare Kuchen, Cakes und Torten. Dazu inspirierende Dekorationsideen und viele Tipps und Tricks, damit Ihre Kunstwerke sicher gelingen.

→ Art. 27074.998

Lava Cakes

Lava Cakes verführen mit ihrem cremig-flüssigen Kern in vielen Varianten. Die Küchlein surprise halten eine süsse Überraschung im Innern bereit. Zum Dahinschmelzen!

→ Art. 27138.998

Lieblingsfleisch

288 Seiten

100 neue Alltagsrezepte für die Lieblingsfleischstücke der Schweiz: Pouletbrüstli, Plätzli, Steaks, Hackfleisch und Burger, Geschnetzeltes, Pouletteile und Koteletts.

→ Art. 27148.998

Luftig leichte Desserts

Wunderbar leichte Dessertideen für jede Jahreszeit: samtige Cremen, luftige Mousses, Panna cotta, Puddings und Glacen zum Dahinschmelzen. Mit vielen Deko-Tipps.

→ Art. 27082.998

Lustvoll vegetarisch

320 Seiten

Heute kochen namhafte Köche fleischlose Gerichte auf höchstem Niveau – mit grossem Erfolg. Auch privat geniessen immer mehr Leute vegetarisch. Höchste Zeit also für ein umfangreiches Buch voller köstlicher Vegi-Ideen.

→ Art. 27072.998

Neue Gemüseküche

Bunt, gesund und kreativ: neue, einfache Rezepte mit einheimischem Gemüse, speziell für den Alltag geeignet. Beilagen, leichte Vorspeisen, feine Salate und unkomplizierte Hauptgerichte. Mit cleveren Tipps und einer Saisontabelle.

→ Art. 27034.998

Niedergaren – leicht gemacht

Zarter und saftiger kann Fleisch nicht sein! Die besten Stücke von Rind, Kalb, Schwein, Lamm, Kaninchen, Reh und Geflügel. Dazu 65 neue, raffinierte Saucen, viele Marinaden, Tipps und Tricks unserer Profis.

→ Art. 27010.998

Pasta

320 Seiten

Pasta, von einfach bis luxuriös: One Pot Pasta, 60 schnelle Pastasaucen, tolle Pastagerichte, heiss Geliebtes aus dem Ofen und Pasta deluxe für Verwöhnmomente.

→ Art. 27096.998

Restenlos geniessen

320 Seiten

355 clevere Tipps und viele feine Rezepte gegen Food Waste zu Hause. Kosten Sie ab sofort Ihre Lebensmittel restlos und genüsslich aus – bis zum letzten Krümel.

→ Art. 27110.998

Rolls & Schnecken

30 super feine Variationen für süsse Rolls mit bunten Früchten, Schokolade oder Caramel und pikante Hefeschnecken für einen Apéro oder mit einem Salat zum Znacht.

→ Art. 27164.998

Rouladen

Entdecken Sie viele neue Rezepte für fruchtige Rouladen rund ums Jahr, zartschmelzende Ideen mit Schokolade und Caramel... Auch pikante Überraschungen zum Apéro, mh!

→ Art. 27140.998

Schnell & einfach Band 1

224 Seiten

100 Lieblingsrezepte aus der Betty Bossi Zeitung. Die «schnell & einfach» –Rezepte sind in nur 30 Minuten zubereitet. 25 schnelle und feine Ideen für jede Jahreszeit.

→ Art. 27088.998

Schnell & einfach Band 2

224 Seiten

Nach dem Bestseller 2015 erscheint neu Band 2: Er enthält Ihre 100 beliebtesten Rezepte aus der Rubrik «schnell & einfach» der Betty Bossi Zeitung von 2015 bis 2019.

→ Art. 27154.998

Schwiizer Chuchi

320 Seiten

Auch in Englisch!

Traditionsreiche Klassiker, neue, marktfrische Küche mit einheimischen Zutaten. Dazu Klassiker, neu interpretiert: aus denselben Zutaten ist ein neues Gericht entstanden, aber immer noch «ächt schwiizerisch».

→ Art. 27046.998

Topfbrote

Herrlich krosse Kruste, luftig feuchte Krume! Auch Teige ohne Kneten. Brot-Lieblingen wie Ruchbrot und viele neue Kreationen, auch Überraschungsbrote mit Wow-Effekt.

→ Art. 27162.998

Zart gegart

320 Seiten

Kalb, Rind, Schwein, Lamm, Geflügel und Fisch: so zart und saftig! Niedergaren, Sous-vide und 120-Grad-Methode für edle und preiswerte Stücke mit Beilagen und Saucen.

→ Art. 27104.998

Ein Abo mit vielen Vorteilen

Betty Bossi Zeitung

10-mal pro Jahr beliebte saisonale Rezepte

- ✓ Rezepte für die kreative Alltagsküche und fürs Wochenende
- ✓ Mit der bewährten Betty Bossi Geling-Garantie!
- ✓ Viele clevere Tipps & Tricks

Betty Bossi App

Mit Ihrem Abo haben Sie vollen Zugriff auf alle Rezepte in der App

- ✓ Inklusive aller Zeitungsrezepte
- ✓ Favoriten speichern
- ✓ Tägliche Koch- und Back-Inspirationen

Abo-Vorzugspreise

Dank Ihrem Abo profitieren Sie von den exklusiven Vorzugspreisen auf Betty Bossi Produkte und neue Kochbücher.

Digitale Kochbücher

Mit einem aktiven Abo haben Sie gratis Zugriff auf die digitalen Versionen aller von Ihnen bei uns gekauften Betty Bossi Bücher.

Bestellen Sie mit der nachfolgenden Bestell-Karte oder unter bettybossi.ch/abos

Bestseller

Betty Bossi Print & Digital

Bestell-Karte
Betty Bossi Print & Digital

Ihre Abo-Vorteile

- 10 Ausgaben mit beliebten saisonalen Rezepten, die sicher gelingen!
- Betty Bossi App mit täglichen Inspirationen und allen Rezepten aus der Zeitung.
- Cleverer Betty Bossi Produkte zum exklusiven Vorzugspreis für Abonnenten.
- Gratis-Zugriff auf die digitalen Versionen aller bei uns gekauften Betty Bossi Bücher.

Ja, ich bestelle ein Jahresabo Betty Bossi Print & Digital
(10 Ausgaben) für nur Fr. 32.90*

Gewünschte Sprache

☐ deutsche Ausgabe (6510000.998)
☐ französische Ausgabe (6520000.998)

Die Rechnung geht an   ☐ Frau   ☐ Herr

Name

Vorname

Strasse

PLZ/Ort

* Jahresabo: Preis Inland: Fr. 32.90. Für den Versand ins Ausland beträgt der Zuschlag für ein Jahresabo Fr. 8.10. Preisänderungen vorbehalten.

Bestell-Karte
Geschenk-Abo

Und so einfach gehts

1. Bestell-Karte vollständig ausfüllen und an uns senden.
2. Sie erhalten mit der Rechnung eine Geschenk-Karte, mit der Sie die beschenkte Person persönlich informieren können.

Ja, ich bestelle ein Geschenk-Jahresabo Betty Bossi Print & Digital
(10 Ausgaben) für nur Fr. 32.90*

Gewünschte Sprache

☐ deutsche Ausgabe (6510000.998)
☐ französische Ausgabe (6520000.998)

Das Abo ist für   ☐ Frau   ☐ Herr

Name

Vorname

Strasse

PLZ/Ort

Die Rechnung geht an   ☐ Frau   ☐ Herr

Name

Vorname

Strasse

PLZ/Ort

* Jahresabo: Preis Inland: Fr. 32.90. Für den Versand ins Ausland beträgt der Zuschlag für ein Jahresabo Fr. 8.10. Preisänderungen vorbehalten.

Betty Bossi
Postfach
8902 Urdorf
Schweiz

Bitte senden Sie mir weitere Bestell-Karten zu.

Anzahl: _____

Betty Bossi

Betty Bossi
Postfach
8902 Urdorf
Schweiz

Bitte senden Sie mir weitere Bestell-Karten zu.

Anzahl: _____

Bestell-Karte für Betty Bossi Kochbücher

Anzahl	Artikel	Preis*	Anzahl	Artikel	Preis*	Anzahl	Artikel	Preis*
Apéro & Fingerfood	27122.998	Fr. 36.95	Fruchtige Tiramisu	27120.998	Fr. 21.95	Kuchenduft	27074.998	Fr. 36.95
Backen in der Weihnachtszeit	27028.998	Fr. 21.95	Gemüselust	27100.998	Fr. 36.95	Lava Cakes	27138.998	Fr. 21.95
Betty backt mit dir	27182.998	Fr. 9.95	Gesund & schlank Band 1	27064.998	Fr. 21.95	Lieblingsfleisch	27148.998	Fr. 36.95
Betty Bossi Backbuch	20003.998	Fr. 21.95	Gesund & schlank Band 2	27076.998	Fr. 36.95	Luftig leichte Desserts	27082.998	Fr. 21.95
Blechkuchen & Brownies	27094.998	Fr. 21.95	Gesund & schlank Band 3	27092.998	Fr. 36.95	Lustvoll vegetarisch	27072.998	Fr. 36.95
Blitzgratin & schnelle Lasagne	27160.998	Fr. 21.95	Gesund & schlank Band 4	27098.998	Fr. 36.95	Neue Gemüseküche	27034.998	Fr. 21.95
Brot & Brötchen	27118.998	Fr. 36.95	Gesund & schlank Band 5	27108.998	Fr. 36.95	Niedergaren – leicht gemacht	27010.998	Fr. 21.95
Cheesecakes	27158.998	Fr. 21.95	Gesund & schlank Band 6	27116.998	Fr. 36.95	Pasta	27096.998	Fr. 36.95
Crème brûlée	27170.998	Fr. 21.95	Gesund & schlank Band 7	27132.998	Fr. 36.95	Restenlos geniessen	27110.998	Fr. 36.95
Das grosse Betty Bossi Kochbuch	27018.998	Fr. 49.95	Gesund & schlank Band 8	27146.998	Fr. 36.95	Rolls & Schnecken	27164.998	Fr. 21.95
Das grosse Dessertbuch	27128.998	Fr. 36.95	Gesund kochen	27080.998	Fr. 21.95	Rouladen	27140.998	Fr. 21.95
Die beliebtesten 50 Rezepte	27136.998	Fr. 17.95	Grill-Beilagen	27152.998	Fr. 17.95	Schnell & einfach Band 1	27088.998	Fr. 21.95
Echt italienisch	27068.998	Fr. 36.95	Gugelhopf	27156.998	Fr. 21.95	Schnell & einfach Band 2	27154.998	Fr. 21.95
Einfach asiatisch	27054.998	Fr. 36.95	Herzlich eingeladen	27090.998	Fr. 36.95	Schwiizer Chuchi	27046.998	Fr. 36.95
Entspannt verwöhnen	27130.998	Fr. 36.95	Heute kocht mein Ofen	27112.998	Fr. 36.95	The Swiss Cookbook	27048.998	Fr. 36.95
Fruchtig-süsse Wähen	27102.998	Fr. 21.95	Knusprig gebacken	27142.998	Fr. 36.95	Topfbrote	27162.998	Fr. 21.95
						Zart gegart	27104.998	Fr. 36.95

Die Rechnung geht an

☐ Frau   ☐ Herr

Kundennummer

Name

Vorname

Strasse

PLZ/Ort

* Preisänderung vorbehalten, zzgl. Versandkosten

Betty Bossi

Bitte senden Sie mir weitere Bestell-Karten zu.

Anzahl: _____

Betty Bossi
Postfach
8902 Urdorf
Schweiz